# KENSHiN
## LE VAGABOND

**NOBUHIRO WATSUKI**

KENSHIN LE VAGABOND
TITRE ORIGINAL : "RUROUNI KENSHIN"
© 1994, by Nobuhiro Watsuki
All rights reserved.
First published in Japan in 1994 by SHUEISHA INC., Tokyo
French translation rights in France arranged by SHUEISHA INC.

- Edition française -
Traduction : Wako Miyamoto / Olivier Prézeau
Adaptation graphique : Vincent Léone / Bakayaro!
Lettrage : Bakayaro!
© 1999, Editions Glénat
BP 177, 38008 Grenoble Cedex.
Domaine d'application du présent copyright
France, Belgique, Suisse, Luxembourg, Québec
ISBN : 2.7234.2790.0
ISSN : 1253.1928
Dépôt légal : mars 1999

Imprimé en France par Maury-Eurolivres
45300 Manchecourt

EMBARQUEZ SUR **www.glenat.com**

PERSONNAGES PRINCIPAUX

KENSHIN HIMURA
(BATTOSAÏ L'ASSASSIN)

YAHIKO MYÔJIN

KAORU KAMIYA

MÉGUMI TAKANI

SANOSUKÉ SAGARA

KANRYÛ TAKEDA

AOSHI SHINOMORI

## RÉSUMÉ DE L'ÉPISODE PRÉCÉDENT

S'ÉTANT INSTALLÉ DANS LE DÔJÔ KAMIYA, KENSHIN HIMURA, AUSSI APPELÉ BATTOSAÏ HIMURA, EST UN ASSASSIN LÉGENDAIRE FAISANT PARTIE DES PATRIOTES QUI ONT CONTRIBUÉ À LA RESTAURATION DE MEIJI. AUJOURD'HUI, IL PORTE UN SABRE INVERSÉ ET REFUSE DE TUER. DANS L'ÉPISODE PRÉCÉDENT, KENSHIN A PORTÉ SECOURS À MEGUMI ALORS QU'ELLE ÉTAIT POURSUIVIE PAR DES HOMMES DE LA GARDE PRIVÉE DE KANRYÛ, UN HOMME D'AFFAIRES TRÈS JEUNE. MEGUMI EST ISSUE DE LA FAMILLE TAKANI, UNE FAMILLE DE MÉDECINS TRÈS CONNUS DANS LE FIEF D'AIZU. APRÈS S'ÊTRE SÉPARÉE DE SA FAMILLE PENDANT LA GUERRE D'AIZU, MEGUMI A ÉTÉ L'ASSISTANTE D'UN MÉDECIN DE TOKYO. MALHEUREUSEMENT, CE MÉDECIN COLLABORAIT ALORS EN SECRET AVEC KANRYÛ EN TRAFIQUANT UN NOUVEAU TYPE D'OPIUM. APRÈS SA MORT, MEGUMI, QUI ÉTAIT LA SEULE À CONNAÎTRE LE SECRET DE LA FABRICATION DE CET OPIUM, FUT SÉQUESTRÉE PAR KANRYÛ ET FORCÉE DE FABRIQUER LA DROGUE. APRÈS L'INTERVENTION DE KENSHIN, MEGUMI DÉCIDE DE SE RÉFUGIER AU DÔJÔ KAMIYA JUSQU'À CE QUE LE DANGER DISPARAISSE. UN BEAU JOUR ELLE QUITTE SOUDAINEMENT LE DÔJÔ, LAISSANT UNE LETTRE EXPLIQUANT SON DÉPART POUR AIZU. ON APPREND QUE CETTE DISPARITION EST DUE AU FAIT QUE KANRYÛ, APRÈS AVOIR DÉCOUVERT LE PASSÉ DE KENSHIN, A DIRECTEMENT MENACÉ MEGUMI AFIN D'ÉVITER TOUT COMBAT AVEC L'ASSASSIN LÉGENDAIRE. PRESSENTANT LE RETOUR DE MEGUMI CHEZ KANRYÛ, KENSHIN DÉCIDE D'ALLER UNE NOUVELLE FOIS À SON SECOURS, ACCOMPAGNÉ DE SANOSUKÉ ET DE YAHIKO. FACE À LA FORCE SURHUMAINE DE KENSHIN, FORCE QUI LUI A PERMIS DE VAINCRE TOUTE UNE GARDE PRIVÉE, KANRYÛ TENTE DE CONVAINCRE KENSHIN DE TRAVAILLER POUR LUI MAIS C'EST PEINE PERDUE. QUANT À AOSHI, LE CHEF D'ONIWABAN SHÛ, IL RÊVE DE COMBATTRE KENSHIN. C'EST EN FAISANT IRRUPTION DANS LA RÉSIDENCE DE KANRYÛ QUE KENSHIN ET SES COMPAGNONS DÉCOUVRENT HAN'NYA, UN MEMBRE D'ONIWABAN SHÛ.

## TABLE DES MATIÈRES

KENSHIN LE VAGABOND,
CHRONIQUE D'UN EXPERT EN
SABRE À L'ÈRE MEIJI

**VOLUME 4**

●

JE SUIS "HAN'NYA", NINJA D'ONIWABAN SHÛ.

## SCÈNE 23

## HAN'NYA LE NINJA

SELON LES ORDRES D'OKASHIRA, JE SUIS LE GARDIEN DE CETTE SECTION !

...SANS LE SAVOIR.

DEPUIS QU'ON S'EST RENCONTRÉS IL Y A UNE SEMAINE...

...TU ES TOMBÉ DANS MON PIÈGE...

AUCUNE CHANCE DE GAGNER CONTRE LUI SANS TROUVER LE SECRET DE SA TECHNIQUE...

C'EST UN EXCELLENT COMBATTANT...

HAN'NYA EST FORT.

...ET IL UTILISE LA "TECHNIQUE DU BRAS DÉFORMÉ".

ÇA A COMMENCÉ.

16

* il y a cinq positions de base du kendô : la position haute, au milieu (seigan), basse, droite et gauche.

TU AS PRIS LA POSITION "SHINKEN", NON PAS POUR TE DÉFENDRE...

HUM... J'AI COMPRIS...

...MAIS POUR MESURER LA LONGUEUR DE MON BRAS À L'AIDE DE TON SABRE !

IL PEUT S'EN SERVIR COMME MESURE !

HÉ

Rends-moi mon sabre en bois.

BIEN SÛR ! KENSHIN CONNAÎT PARFAITEMENT LA MESURE DE SON SABRE.

DE PLUS, VOTRE MASQUE CACHANT TOUTE EXPRESSION, ÇA NE M'A PAS PERMIS D'ANTICIPER LES MOUVEMENTS D'ATTAQUE.

MAIS CES RAYURES VOUS OFFRAIENT EN RÉALITÉ DES AVANTAGES NON NÉGLI-GEABLES...

...CAR LES RAYURES SUR LE BRAS N'ÉTAIENT PAS HABITUELLES POUR UN NINJA QUI AGIT TOUJOURS TRÈS DISCRÈTE-MENT.

VOTRE TENUE ORIGINALE DE NINJA M'AVAIT INTERPELLÉ LORS DE NOTRE PREMIÈRE RENCONTRE...

VOTRE APPARENCE PARAÎT ABSURDE À PREMIÈRE VUE, MAIS ELLE EST BIEN CALCULÉE, EN FAIT !

KENSHIN LE VAGABOND
CHRONIQUE D'UN EXPERT
EN SABRE À L'ÈRE MEIJI

C'EST UN
MONSTRE.

# SCÈNE 24
•
# HAN'NYA ET SHIKIJÔ

JE NE SAIS PAS OÙ VOUS ÊTES NÉS...

HA!

...

...JE SUIS NÉ DANS UNE RÉGION TELLEMENT PAUVRE...

DANS MON VILLAGE, ON APPELAIT CETTE PRATIQUE "RENDRE SON ENFANT AU CIEL".

...QUE LES PARENTS PRATIQUAIENT L'INFANTICIDE PAR PAUVRETÉ.

DÈS LE MOMENT OÙ CETTE PRATIQUE T'EST DESTINÉE, TA VIE HUMAINE EST FOUTUE !

IL FAUT ALORS VIVRE COMME UNE BÊTE SAUVAGE...

ET SI PAR HASARD L'ENFANT ÉVITAIT LA MORT, IL NE POUVAIT PLUS RESTER À LA MAISON.

C'EST PAS CROY- ABLE...

33

34

EH...
C'EST
FINI...

BONJOUR, C'EST WATSUKI. L'AUTRE JOUR, JE SUIS ALLÉ VOIR L'ENREGISTREMENT
DU DEUXIÈME VOLUME DU LIVRE-MULTIMÉDIA "KENSHIN LE VAGABOND" POUR
LA SÉRIE SUR SANOSUKÉ. JE CROIS QU'IL SERA DÉJÀ SORTI LORSQUE VOUS
LIREZ CE VOLUME. BIEN QUE N'AYANT PAS PU PARLER DEPUIS LONGTEMPS AVEC
LES DOUBLEURS, CAR NOUS AVONS TOUS UN EMPLOI DU TEMPS D'ENFER, J'AI ÉTÉ
IMPRESSIONNÉ PAR LEUR PROFESSIONNALISME. ILS FONT TOUS UN TRAVAIL ÉNORME.
VOUS POUVEZ PENSER QUE C'EST NORMAL CAR CE SONT DES PROFESSIONNELS, MAIS
JE TENAIS À INSISTER SUR CE POINT. J'AI COMPRIS POURQUOI LES DOUBLEURS SONT
À LA MODE ET POURQUOI BEAUCOUP DE JEUNES SOUHAITENT EXERCER CE MÉTIER.
J'AI ÉGALEMENT ÉTÉ IMPRESSIONNÉ PAR LE PROFESSIONNALISME DES
TECHNICIENS QUI TRAVAILLENT DANS L'OMBRE. J'AI PRIS CONSCIENCE DE
L'IMPORTANCE DE SORTIR CE MANGA EN VERSION LIVRE-MULTIMÉDIA.
WATSUKI.

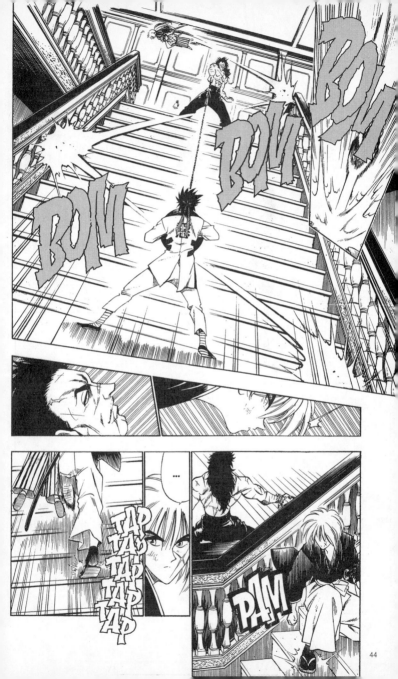

45

SCÈNE 25
•
LE COMBAT
DES PLUS
FORTS

TAP TA TAPTAP TA

PRÉPARE-TOI. ON ENFONCE LA PORTE !

D'AILLEURS, IL N'ACCEPTERA AUCUNE AIDE.

C'EST VRAI.

JE NE ME FAIS PAS DE SOUCIS POUR SANO.

...PEUT VAINCRE CETTE BOULE DE MUSCLES ? IL A L'AIR TRÈS FORT...

TU CROIS QUE SANO-SUKÉ...

Salle de Bal

BAAAM

TU M'AS ENGOURDI LES MAINS...

TU NE VEUX PAS QUITTER BATTOSAÏ...

...POUR NOUS REJOINDRE ?

TU ME PLAÎS, PETIT !

J'ÉTAIS MOI-MÊME NINJA DANS LE FIEF DE SATSUMA.

QUOI ?!

CE QUI VEUT DIRE QUE J'ÉTAIS AUX CÔTÉS DES PATRIO-TES.

...C'EST LA FORCE. PEU IMPORTE L'ORIGINE.

LE SEUL CRITÈRE POUR RALLIER LES ONIWABAN SHÛ...

C'EST LA PREMIÈRE FOIS QUE L'ON SE PARLE, MÊME SI ON SE CONNAISSAIT DE VUE... N'EST-CE PAS ?

EXACT...

## DANS LE SECRET DE LA
## CRÉATION DES PERSONNAGES

### DIXIÈME PARTIE :

# HAN'NYA, MEMBRE DES ONIWABAN SHÛ

●

LE MODÈLE DE HAN'NYA N'EST PAS VRAIMENT CELUI DU NINJA MAIS PLUTÔT UN MIX ENTRE ELEPHANT MAN ET L'HOMME ARAIGNÉE. DANS MON PROJET, HAN'NYA AVAIT UN VISAGE FONDU À LA NAISSANCE. COMME ELEPHANT MAN, SA MÈRE S'ÉTAIT FAIT ÉCRASER PAR UN ANIMAL ALORS QU'ELLE ÉTAIT ENCEINTE DE LUI. DIFFORME À LA NAISSANCE, HAN'NYA ÉTAIT PERSÉCUTÉ ET ON LE TRAITAIT DE MONSTRE. IL DEVAIT ALORS VIVRE EN ERMITE DANS LA MONTAGNE. UN JOUR IL RENCONTRA AOSHI ET DEVINT MEMBRE DES ONIWABAN SHÛ. C'ÉTAIT UN HOMME QUI CROYAIT QU'ENTRER DANS LE GROUPE DES ONIWABAN SHÛ LUI PERMETTRAIT DE BIEN VIVRE ET QUE COMBATTRE ÉTAIT LE SEUL MOYEN DE PROUVER SON EXISTENCE. TEL ÉTAIT HAN'NYA DANS MON PROJET ORIGINAL. MAIS, PEU DE TEMPS AVANT DE LE FAIRE APPARAÎTRE DANS LA SÉRIE, J'AI EU UNE GRANDE DISCUSSION AVEC MON ÉDITEUR, LA PLUS LONGUE DE TOUTES. SELON LUI, ON NE POUVAIT INTERPRÉTER LES OBJECTIFS DE HAN'NYA QU'À TRAVERS SES HANDICAPS DE NAISSANCE. IL DOUTAIT QUE CETTE IDÉE CONVIENNE DANS UN MAGAZINE DESTINÉ À UN PUBLIC MASCULIN D'ADOLESCENTS. APRÈS LA DISCUSSION, L'ORIGINE DE HAN'NYA A CHANGÉ ET C'EST CELLE QU'ON TROUVE DANS CE NUMÉRO. HAN'NYA EST UN PERSONNAGE QUI M'A FAIT PRENDRE CONSCIENCE DE LA DIFFICULTÉ DE DESSINER UN MANGA DESTINÉ À DES GARÇONS. SON CARACTÈRE EST CALQUÉ SUR CELUI DE "SUSUMU YAMAZAKI", UN ESPION DE SHINSENGUMI. BEAUCOUP DE LECTEURS AVAIENT IMAGINÉ QUE HAN'NYA ÉTAIT BEAU SOUS SON MASQUE. CERTAINS AVAIENT MÊME IMAGINÉ QUE HAN'NYA ÉTAIT LE FRÈRE JUMEAU D'AOSHI. D'AUTRES ENCORE AVAIT PENSÉ QU'IL S'AGISSAIT DE "KUNOISHI". CETTE DERNIÈRE IDÉE M'A BEAUCOUP AMUSÉ. JE VAIS PEUT-ÊTRE L'UTILISER À L'AVENIR POUR UN AUTRE PERSONNAGE (JE NE SAIS PAS QUAND !).

●

SON MODÈLE GRAPHIQUE N'EST AUTRE QUE CELUI DU SQUELETTE. LE FAIT QU'IL AIT DES YEUX DE TAILLES DIFFÉRENTES VIENT DE MON IDÉE PREMIÈRE QUANT À SES ORIGINES. PAR AILLEURS, LA FORME DE HAN'NYA DEVENANT DE PLUS EN PLUS CARRÉE, MES ASSISTANTS L'ONT VITE APPELÉ "LE ROBOT".

# SCÈNE 26

## AOSHI SHINOMORI, LE CHEF

COMME JE L'AI DÉJÀ DIT À HAN'NYA...

JE PARIE QUE NON.

EST-CE QUE HAN'NYA T'A LAISSÉ PASSER ?

DITES-MOI OÙ SONT KANRYÛ ET MEGUMI.

..JE VEUX ÉVITER TOUT COMBAT INUTILE.

SI TU VEUX SAVOIR OÙ ILS SONT, TU DOIS TE BATTRE AVEC TON SABRE.

MOI, JE TE RÉPONDRAI AVEC LE MIEN.

LA TAILLE DE CE SABRE...!

IL A RAISON, YAHIKO.

QUOI ?!

IL N'Y A PAS DE PLACE POUR UN ENFANT COMME TOI ICI.

NE TE MOQUE PAS DE KENSHIN !!

TU VAS TE BATTRE AVEC UN SABRE DE REMPLACE- MENT ?!

MAIS NON !

...

MAIS TU DOIS MOURIR ICI, CAR TU ÉTAIS LE PATRIOTE LE PLUS FORT.

JE N'AI AUCUNE RANCUNE ENVERS TOI.

...

...QUE VOUS TRAVAILLEZ EN TANT QU'ONIWABAN SHÛ ?

EST-CE ALORS POUR LE GOUVERNEMENT D'EDO...

CE N'EST DONC PAS POUR KANRYÛ QUE VOUS COMBATTEZ.

EN TEMPS QUE PATRIOTE, TU DOIS ÊTRE AU COURANT DU COMPORTEMENT DE YOSHINOBU TOKUGAWA LORS DE LA BATAILLE DE TOBA FUSHIMI.

BIEN SÛR QUE NON ! JE ME FICHE DE CET INDIVIDU.

76

C'EST LE DERNIER SHÔGUN. IL S'EST ÉCHAPPÉ DU CHÂTEAU D'OSAKA AVEC SES CONSEILLERS POUR RALLIER EDO DÈS QU'IL S'EST RENDU COMPTE DE L'INFÉRIORITÉ DE SON ARMÉE.

IL A LAISSÉ PLUS DE DIX MILLE SOLDATS QUI SE BATTAIENT POUR LE GOUVERNEMENT D'EDO.

OUI...

LE GOUVERNE-MENT D'EDO A AINSI RENONCÉ AU CHÂTEAU D'EDO SANS EFFUSION DE SANG.

À EDO, IL S'EST ENFERMÉ DANS LE TEMPLE KANEIJI ET A OBÉI À TOUS LES ORDRES DE L'ADVERSAIRE.

APRÈS UNE DISCUSSION ENTRE KAISHÛ KATSU ET TAKAMORI SAIGÔ, LA BATAILLE D'EDO N'A PAS EU LIEU.

JE ME FICHE DE LA FAMILLE DU SHÔGUN. NOUS AVONS REGRET-TÉ DE NE PAS AVOIR PU COMBATTRE.

IL EST ABSURDE DE PARLER AVEC DES " SI "...

...MAIS SI LA BATAILLE D'EDO AVAIT EU LIEU...

ET NOUS, LES ONIWABAN SHÛ, AVONS VU LA FIN DES CONFLITS SANS POUVOIR COMBATTRE...

...SI ON AVAIT PU COMBATTRE, LE GOUVERNEMENT D'EDO AURAIT SANS DOUTE GAGNÉ.

SANS CES PERSONNAGES, LES PATRIOTES AURAIENT PERDU LE POUVOIR. L'ARMÉE DU GOUVERNEMENT D'EDO, BIEN SUPÉRIEURE EN NOMBRE À CELLE DE L'ADVERSAIRE, AURAIT PU ATTAQUER LES PATRIOTES. ÇA AURAIT ÉTÉ LA FIN DES CONFLITS.

EN METTANT LE FEU PARTOUT DANS EDO AFIN DE PROVOQUER LA PANIQUE GÉNÉRALE, LES MEMBRES D'ONIWABAN SHÛ AURAIENT PU TUER DES PATRIOTES COMME SAIGÔ, ÔKUBO ET KATSURA.

MAIS SI. JE PEUX TOUJOURS LE FAIRE AUJOURD'HUI...

...DANS TOKYO.

IL EST FOU...

T'ES DINGUE ! C'EST IMPOSSIBLE !

CE QUI COMPTE POUR MOI, C'EST DE PROUVER QUE...

MAIS CE SERAIT VAIN.

...C'ÉTAIT NOUS, LES ONIWABAN SHÛ.

...LES COMBATTANTS LES PLUS FORTS DE LA FIN DE L'ÈRE EDO...

À L'ÉPOQUE...

...LES PATRIOTES SE SONT OPPOSÉS AUX PARTISANS DU GOUVERNEMENT D'EDO, MAIS DIEU SEUL SAIT LESQUELS D'ENTRE EUX AVAIENT RAISON.

TOUT LE MONDE S'EST SACRIFIÉ POUR L'AVENIR DU PAYS, POUR LE BONHEUR DES HOMMES ET POUR LA PAIX...

...BEAUCOUP ONT COMBATTU.

VOUS N'ÊTES ANIMÉ QUE PAR LE DÉSIR ET LA PERSPECTIVE DE COMBATS SANGLANTS !!

MAIS VOUS, AOSHI, VOUS PARLEZ ENCORE DE METTRE LE FEU À UNE VILLE ENTIÈRE !

EN CONSERVANT CE DÉSIR, VOUS FAITES...

...SOUFFRIR MEGUMI ET LES GENS SOUS L'EMPRISE DE L'OPIUM.

DOSH

!

...MAIS ELLE N'EST PAS SUFFISANTE POUR BRISER MON PETIT SABRE.

C'EST LA TECHNIQUE DE BATTÔ QUI A SUCCÉDÉ À CELLE DE "L'ÉCLAT DU DRAGON" DE L'ÉCOLE HITENMITSU-RUGI.

BONNE COMBINAISON...

...

## DANS LE SECRET DE LA CRÉATION DES PERSONNAGES

### ONZIÈME PARTIE :

## SHIKIJÔ, MEMBRE DES ONIWABAN SHÛ

●

LE MODÈLE DE SHIKIJÔ EST CALQUÉ SUR CELUI DE SANOSUKÉ. C'EST SURPRENANT MAIS C'EST VRAI ! IL A LE MÊME GENRE DE CARACTÈRE QUE SANOSUKÉ (CONCIS ET CONFIANT). C'EST UN COMBATTANT ÉNERGIQUE ET IL EST CHEF ADJOINT DE SON GROUPE. EN CE QUI CONCERNE LE COMBAT ENTRE SANOSUKÉ ET SHIKIJÔ, MON BUT A ÉTÉ DE BIEN MONTRER LE CONTRASTE ENTRE LES DEUX GROUPES QUI S'OPPOSENT. J'ESPÈRE Y AVOIR RÉUSSI. HAN'NYA, UN AUTRE MEMBRE D'ONIWABAN SHÛ, N'A PAS ÉTÉ DÉCRIT DE MANIÈRE ENTIÈREMENT NÉGATIVE, CE N'EST PAS UN VRAI MÉCHANT. JE VOULAIS DONC FAIRE DE SHIKIJÔ UN PERSONNAGE PUREMENT MÉCHANT. MAIS SUITE À SA MORT HÉROÏQUE, IL EST DEVENU UN HÉROS. ET IL A AUSSI LES HABITUELS FANS DE PERSONNAGES SECONDAIRES. TEL EST AUSSI LE CAS POUR TOUS LES MEMBRES D'ONIWABAN SHÛ... LA SCÈNE QUI A LE PLUS MARQUÉ LES LECTEURS DE CET ÉPISODE EST LA SCÈNE DANS LAQUELLE APPARAÎT LE JEUNE AOSHI. FAIRE APPARAÎTRE UN PERSONNAGE BEAU ET FORT, ÇA MARCHE TOUJOURS !

●

SHIKIJÔ N'A PAS DE MODÈLE GRAPHIQUE SPÉCIFIQUE. COMME IL DEVAIT ÊTRE UN COMBATTANT PUISSANT ET PLEIN D'ÉNERGIE, JE L'AI DESSINÉ TELLE UNE BOULE DE MUSCLES. CEPENDANT, POUR LE RENDRE ENCORE PLUS ÉTRANGE, JE LUI AI AJOUTÉ DES CICATRICES PARTOUT. COMME TOUJOURS, JE DESSINE LES MUSCLES À LA MANIÈRE DE CEUX QUI APPARAISSENT SUR LES PERSONNAGES DES COMICS AMÉRICAINS.

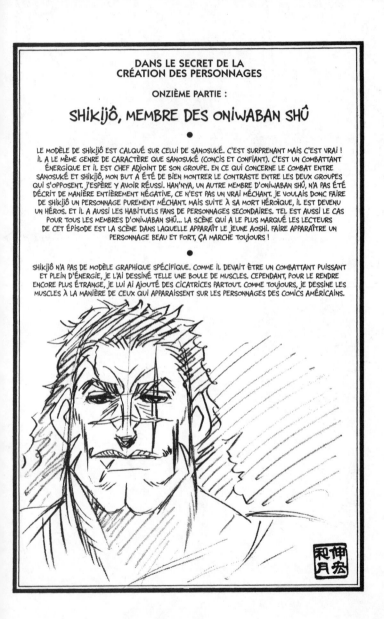

KENSHIN !

TU NE RÉUSSIRAS PAS À ME TOUCHER.

MON PETIT SABRE DE DÉFENSE PEUT MÊME PARER LES BALLES DE PISTOLET.

IL NE CHANGE PAS D'EXPRESSION MÊME EN POSITION DE FORCE... C'EST VRAIMENT "UN COMBATTANT INSENSIBLE"...

DEBOUT !

QU'IL EST FORT... KENSHIN N'ARRIVE MÊME PAS À LE TOUCHER...

JE NE PEUX TUER UN HOMME À TERRE.

EN PLUS...

QUOI
?!

IL PREND
LE SABRE
PAR LA
LAME...!

ARGH...!

...TON SECRET, C'EST DE BRISER LA DISTANCE VITALE DE TON ADVERSAIRE.

Aoshi...

LA DISTANCE...

Chacun a une distance de combat vitale. elle permet d'atteindre un adversaire en un seul coup.

Écoute bien, yahiko.

LA FERME.

GRR

LORS D'UN COMBAT ENTRE EXPERTS AU SABRE, JOUER SUR CETTE DISTANCE DEVIENT UN POINT CRUCIAL.

...ÉCOUTE-MOI UN PEU !

CETTE DISTANCE VARIE SELON LE NIVEAU ET L'ARME.

SI TU VEUX DEVENIR FORT...

AOSHI ENTRE DANS CETTE OUVERTURE TOUT EN RÉDUISANT LES DISTANCES AVEC SON SABRE COURT.

SI J'AGISSAIS COMME SI J'UTILISAIS UN SABRE AUSSI COURT QUE LE TIEN...

À PREMIÈRE VUE, MON SABRE EST PLUS AVANTAGEUX...

...MAIS IL NÉCESSITE UNE DISTANCE PLUS ÉLOIGNÉE ET DÉVOILE UNE OUVERTURE À L'ADVERSAIRE.

...ELLE EST BIEN DIGNE DE CELLE D'UN ASSASSIN LÉGENDAIRE.

QUELLE IDÉE SURPRENANTE...

...

...DISPARAÎTRAIT.

...MA DISTANCE RACCOURCIRAIT ET L'OUVERTURE...

LE SIMPLE FAIT DE LE TENIR PAR LA LAME NE LUI PERMET PAS DE COUPER SÉRIEUSEMENT.

EN EFFET, LE SABRE JAPONAIS NE COUPE QUE LORSQUE L'ON TRANCHE.

PLIC

PLIC

D'AUTANT QUE TU ES GRAVEMENT BLESSÉ.

JE TE L'AI DIT, TU NE PEUX PAS SAISIR UN MOUVEMENT AUSSI RAPIDE.

FAIS GAFFE, KENSHIN !!

IL VA TE REFAIRE LE COUP !!

HA...

HA...

IL EST VRAI QUE JE NE PEUX PAS SAISIR UN MOUVEMENT AUSSI RAPIDE...

SAUF AU MOMENT OÙ VOUS CHANGEZ DE POSITION POUR ATTAQUER.

HUF HUF HUF

...LE KENPÔ N'EST PAS LE SEUL À UTILISER DIRECTEMENT LES MAINS.

VOUS COMPRENEZ QU'AVEC PLUS DE 500 ÉCOLES DE SABRE...

IL A PRIS LE SABRE ENTRE SES MAINS !!

RUC RUC

104

# SCÈNE 28
•
# LA FIN DU COMBAT

KENSHIN !

WOOOV

ÇA VA ALLER...

KENSHIN !!

ziip

AOSHI...

MAIS...

...MAIS ÇA VA !

HE

ENFIN... PAS TANT QUE ÇA...

HE

HE

!

ÇA VA OU ÇA VA PAS ?

Ça faisait longtemps que je n'avais pas vu cette tête.

NON. IL A JUSTE PERDU CONNAISSANCE.

IL EST MORT ?

CELA A ENTRAÎNÉ UNE GRANDE DOULEUR ET DES TROUBLES RESPIRATOIRES.

...IL A UTILISÉ UN COUP NÉCESSITANT UNE GRANDE RETENUE DE SA RESPIRATION.

MALGRÉ SA GRAVE BLESSURE À LA GORGE...

...A PROVOQUÉ SA DÉFAITE.

...SON ESPRIT COMBATIF L'EMPÊCHANT DE RECULER...

AU BOUT DU COMPTE...

...

POM

111

VOTRE RAPIDITÉ DE RÉCUPÉRATION EST SURPRENANTE.

HUF

HUF

HUF

MAIS MÊME SANS COUP DE GRÂCE, VOUS DEVEZ SAVOIR...

...QUI A GAGNÉ.

POURQUOI NE M'AS-TU PAS DONNÉ LE COUP DE GRÂCE ?

J'ÉTAIS INANIMÉ ?

...

JE NE SUIS QU'UN VAGABOND ...

...PAS UN ASSASSIN.

PENDANT DIX SECONDES ENVIRON.

MÊME DANS L'OMBRE, VOUS AVEZ OCCUPÉ UN POSTE IMPORTANT COMME CHEF DES ONIWABAN SHÛ.

VOUS AVEZ DÛ RECEVOIR DES OFFRES POUR UN POSTE D'OFFICIER APRÈS LA RESTAURATION DE MEIJI.

RÉPONDEZ À UNE QUESTION, AOSHI.

IL Y A DE NOS JOURS BIEN D'AUTRES POSSIBILITÉS D'EMPLOI POUR QUELQU'UN QUI COMPTE TIRER PARTI DE SES COMBATS.

POURQUOI AVEZ-VOUS CHOISI DE DEVENIR GARDE DE KANRYÛ ?

...SANS PARLER DE HAN'NYA QUI A UNE APPARENCE PARTICULIÈRE... ILS N'ONT JAMAIS REÇU DE TELLES OFFRES !

TOUTES CES OFFRES N'ÉTAIENT DESTINÉES QU'À MOI SEUL. LES AUTRES MEMBRES D'ONIWABAN SHÛ, COMME HOTTOKO ET BESHIMI, N'ONT QU'UN TALENT MINEUR. SHIKIJÔ A QUANT À LUI TRAHI SON MAÎTRE...

...SOIT POUR LA GARDE D'UN GRAND HOMME POLITIQUE, SOIT POUR ÊTRE ESPION DE L'ARMÉE DE TERRE...

EN EFFET, ON M'A OFFERT PLUSIEURS FOIS DES POSTES D'OFFICIER ...

...ET ABANDONNER AINSI MES HOMMES ?

COMMENT AURAIS-JE PU ACCEPTER UN POSTE D'OFFICIER...

...LE DERNIER SHÔGUN YOSHINOBU TOKUGAWA.

JE REFUSE TOUT ACTE DE TRAHISON COMME L'A FAIT...

EN SACHANT CELA...

YOSHINOBU TOKUGAWA ...

...

..JE CONDAMNE UN TEL ACTE.

OUI, JE SAIS QUE SA SOUMISSION AU POUVOIR RÉVOLUTION-NAIRE...

...PROVENAIT D'UN JUDICIEUX CHOIX POLITIQUE POUR NE PAS ÉPUISER LE JAPON PAR UNE GUERRE INTERNE.

...JE LES AI VUS ME QUITTER UN PAR UN POUR SE LANCER DANS UNE NOUVELLE VIE. IL NE ME RESTAIT QUE 4 DE MES HOMMES.

PENDANT LES DIX ANS QUE J'AI PASSÉ À TOKYO AVEC MON GROUPE D'ONIWABAN SHÛ AU DÉBUT DE LA NOUVELLE ÉPOQUE MEIJI...

SINON, J'ESSAIERAI À NOUVEAU DE TE VAINCRE.

TUE-MOI, BATTOSAI.

...QUE LES ONIWABAN SHÛ ÉTAIENT QUAND MÊME LES PLUS FORTS.

C'EST POURQUOI J'AI VOULU LEUR FAIRE CROIRE...

...ET QUI N'ONT JAMAIS EU L'OCCASION DE POUVOIR LE FAIRE VRAIMENT.

C'ÉTAIENT DES HOMMES MISÉRABLES QUI NE SAVAIENT QUE SE BATTRE...

JE NE POUVAIS ATTENDRE QUE...

...VOUS FINISSIEZ VOTRE BAVARDAGE.

BONJOUR !

ÇA TOMBE BIEN. IL EST VENU DE LUI-MÊME.

KANRYÛ...

QU'EST-CE QUE C'EST ?

!

C'EST...

IMPOS-SIBLE...

POUVEZ-VOUS GARDER UNE TELLE CONFIANCE DEVANT CETTE CHOSE ?

MAIS REGAR-DEZ !

QUELLE CONFIANCE EN LUI !

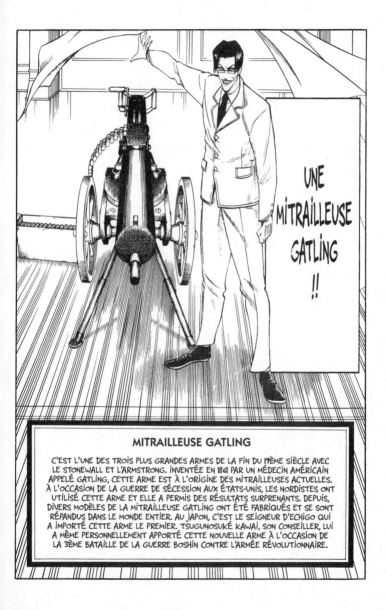

UNE MITRAILLEUSE GATLING !!

### MITRAILLEUSE GATLING

C'EST L'UNE DES TROIS PLUS GRANDES ARMES DE LA FIN DU 19ÈME SIÈCLE AVEC LE STONEWALL ET L'ARMSTRONG. INVENTÉE EN 1861 PAR UN MÉDECIN AMÉRICAIN APPELÉ GATLING, CETTE ARME EST À L'ORIGINE DES MITRAILLEUSES ACTUELLES. À L'OCCASION DE LA GUERRE DE SÉCESSION AUX ÉTATS-UNIS, LES NORDISTES ONT UTILISÉ CETTE ARME ET ELLE A PERMIS DES RÉSULTATS SURPRENANTS. DEPUIS, DIVERS MODÈLES DE LA MITRAILLEUSE GATLING ONT ÉTÉ FABRIQUÉS ET SE SONT RÉPANDUS DANS LE MONDE ENTIER. AU JAPON, C'EST LE SEIGNEUR D'ECHIGO QUI A IMPORTÉ CETTE ARME LE PREMIER. TSUGUNOSUKÉ KAWAÏ, SON CONSEILLER, LUI A MÊME PERSONNELLEMENT APPORTÉ CETTE NOUVELLE ARME À L'OCCASION DE LA 3ÈME BATAILLE DE LA GUERRE BOSHIN CONTRE L'ARMÉE RÉVOLUTIONNAIRE.

120

COMME CELLE D'UN TRAFIQUANT D'ARMES, PAR EXEMPLE.

C'EST PAS VRAI...

GRrrr

MA VRAIE AMBITION, C'EST DE M'ENGAGER DANS UNE AFFAIRE LA PLUS PROFITABLE POSSIBLE.

DÈS LE DÉBUT, JE N'AVAIS PAS L'INTENTION DE FINIR MA VIE COMME PETIT TRAFIQUANT DE DROGUE.

...ET GRÂCE AUX FONDS QUE J'AI OBTENUS EN TRAFIQUANT L'OPIUM !

...IL CONSISTE À M'INCRUSTER DANS LE MILIEU GRÂCE À CE NOUVEAU MODÈLE DE MITRAILLEUSE GATLING...

MON SCÉNARIO EST CELUI DE LA NAISSANCE D'UN GRAND HOMME, KANRYÛ TAKEDA...

JE N'AI AUCUNE PITIÉ POUR LES AUTRES.

TU VEUX VRAIMENT...

CELA N'A PAS DÛ ÊTRE FACILE, J'IMAGINE.

BATTOSAÏ HIMURA... COMBIEN DE TEMPS AS-TU MIS POUR OBTENIR CETTE FORCE HORS DU COMMUN ?

...GAGNER DE L'ARGENT EN SACRIFIANT LA VIE D'AUTRUI ?

SHIKIJÔ !!

...MÊME DÉVELOPPÉS ARTIFICIEL- LEMENT, SONT PLUS FORTS QUE DES BALLES...

JE SUIS SATISFAIT D'AVOIR PU PROUVER QUE MES MUSCLES...

HÉ... NE FAITES PAS CETTE TÊTE.

SHIKI...

C'EST FINI, BATTOSAÏ !!

...MAIS EN FIN DE COMPTE, ILS SONT TOUS MORTS INUTILEMENT !

HI HI HI HI

TU AS UTILISÉ CE MONSTRE POUR M'ATTAQUER...

CRÈVE !

KENSHIN !!

...

BRAVO, KENSHIN. FINALEMENT, IL NE L'A PAS TUÉ.

Enfin... presque...

TOC

TOC

...OURS.

SEC...

EH EH

AU ...

## DANS LE SECRET DE LA CRÉATION DES PERSONNAGES

### DOUXIÈME PARTIE :

## KANRYÛ TAKEDA

•

COMME POUR SANOSUKÉ, CE PERSONNAGE DOIT IMPRESSIONNER LES FANS DE SHINSENGUMI. LE MODÈLE DE KANRYÛ EST CALQUÉ SUR CELUI DU CHEF DE LA CINQUIÈME DIVISION DE SHINSENGUMI, LES " KANRYÛSAÏ TAKEDA ". CE PERSONNAGE, APRÈS AVOIR DÉCOUVERT LA THÉORIE MILITAIRE ENSEIGNÉE À L'ÉCOLE KÔSHÛ, EST UN TYPE D'OFFICIER ASSEZ RARE PARMI LES MEMBRES DE SHINSENGUMI. IL A UN SALE CARACTÈRE : IL FAIT DU ZÈLE ET N'A AUCUN SCRUPULE À ÉCRASER TOUT CE QUI LUI EST INFÉRIEUR DANS LA HIÉRARCHIE. RUSÉ COMME UN RENARD, IL A TENTÉ DE CHANGER DE CAMP EN RALLIANT LE GROUPE RÉVOLUTIONNAIRE DE SATUMA LORSQUE LA SITUATION N'ÉTAIT PLUS FAVORABLE AU GOUVERNEMENT D'EDO DONT SHINSENGUMI ÉTAIT LA GARDIEN. MAIS SON ACTE DE TRAHISON A ÉTÉ DÉCOUVERT, IL A ÉTÉ PUNI ET SA VIE S'EST TERMINÉE LÀ. DANS LES OUVRAGES SUR SHINSENGUMI, LES PERSONNAGES JOUANT LES RÔLES DE MÉCHANTS SONT PRESQUE TOUJOURS LES MÊMES : KAMO SERIZAWA, LE PREMIER CHEF ; KEÏSUKÉ YAMANAMI, LE DIRECTEUR ; KASHÎTARO ITÔ, L'ESPION, ET ENFIN KANRYÛSAÏ TAKEDA. À PROPOS DES TROIS PREMIERS, ILS ONT VITE ÉTÉ CONFRONTÉS À SHINSENGUMI EN RAISON DE LEUR PROPRE DISCIPLINE ET DE LEUR PHILOSOPHIE. QUANT À TAKEDA, IL EST TOUJOURS DÉCRIT COMME UN " MÉCHANT PUR ET SIMPLE ". GRÂCE À CELA, LE PERSONNAGE DE TAKEDA PARAÎT PLUS PRÉCIEUX ET SE DISTINGUE DES AUTRES. C'EST LA RAISON POUR LAQUELLE J'AI VOULU L'UTILISER COMME MODÈLE POUR UN DE MES PERSONNAGES. NÉANMOINS, JE REGRETTE BEAUCOUP DE NE PAS AVOIR PU LE PERFECTIONNER DANS SON RÔLE DE MÉCHANT PUR ET DUR. C'EST EN FAIT À CAUSE DE LA PLACE PLUS IMPORTANTE QU'ONT PRIS MEGUMI ET LES ONIWABAN SHÛ DANS CET ÉPISODE. POUR VOTRE INFORMATION, " KANRYÛSAÏ TAKEDA " ÉTANT CONNU POUR AVOIR ÉTÉ HOMOSEXUEL, J'AI VOULU DÉCRIRE KANRYÛ EN TANT QUE TEL AU DÉPART. MAIS CELA N'AYANT AUCUN RAPPORT AVEC NOTRE MANGA, J'AI DÛ ABANDONNER CETTE IDÉE. QUE SE SERAIT-IL PASSÉ SI LE MANGA AVAIT AVANCÉ DANS CETTE DIRECTION ? CELA ME FAIT AUJOURD'HUI AUSSI PEUR QUE SOURIRE !

CE PERSONNAGE N'A PAS DE MODÈLE GRAPHIQUE. IL EST CALQUÉ SUR " HISHIWAKI " QUI EST DANS LE BONUS DE FIN DE VOLUME 3. IL EST HABILLÉ EN BLANC PARCE QUE KENSHIN ET AOSHI S'HABILLENT EN NOIR. C'EST TOUT CE QUE JE PEUX DIRE SUR LUI !

SCÈNE 29
•
PREMIÈRE
DESTINÉE,
MEGUMI

...MAIS SES BLESSURES SONT PLUS IMPORTANTES QUE CELLES DE KENSHIN.

IL A RÉUSSI À BLESSER KENSHIN... IL EST VRAIMENT FORT...

AOSHI SHINOMORI

!

+HA

CRAC

DOOOOO

CRAC

CRAC

CRAC

CRAC

IL N'Y A PLUS DE BRUIT ...

QUE S'EST-IL PASSÉ...?

146

...D'IMBÉCILE ! KENSHIN ET YAHIKO SE SONT BATTUS POUR TOI ! ILS ONT RISQUÉ LEUR VIE POUR TE SAUVER...

...ET TU VEUX TOUT FOUTRE EN L'AIR !

ESPÈCE...

QUOI ?!

GRRRR

QUE PUIS-JE FAIRE D'AUTRE ?

MAIS...

DOM

BON SANG !

IL SERAIT TROP FACILE POUR MOI DE VIVRE NORMALEMENT SOUS PRÉTEXTE QUE CE N'ÉTAIT PAS DE MA FAUTE...

À CAUSE DE L'OPIUM, BEAUCOUP DE GENS SOUFFRENT.

TAC

RÉCEMMENT, JE TROUVE SOUVENT DANS LES LETTRES DE MES LECTEURS LES PHRASES
SUIVANTES : "MOI AUSSI, J'ADORE SHINSENGUMI ET JE DÉTESTE LES PATRIOTES", OU AU
CONTRAIRE "JE N'ARRIVE PAS À COMPRENDRE COMMENT ON PEUT AIMER SHINSENGUMI
CAR CE GROUPE N'EST QU'UN RAMASSIS DE CHIENS AU SERVICE DU GOUVERNEMENT
D'EDO". QUAND LES LECTEURS AIMENT LES PARTISANS DE L'EMPEREUR, ILS DÉTESTENT
LES PARTISANS DU GOUVERNEMENT D'EDO ET VICE VERSA. C'EST DOMMAGE. À MON
AVIS, LE POINT LE PLUS INTÉRESSANT À LA FIN DE L'ÈRE EDO NE RÉSIDE PAS DANS
LES CONFLITS POLITIQUES OU DANS LES COURANTS DE PENSÉES ANTAGONISTES. IL
RÉSIDE PLUTÔT DANS LE FAIT QUE CHACUN CROYAIT FERMEMENT EN SA VERSION DE
LA JUSTICE. SI MON PERSONNAGE PRÉFÉRÉ EST TOSHIZÔ HIJIKATA, UN PARTISAN DU
GOUVERNEMENT D'EDO ET MEMBRE DE SHINSENGUMI, MON DEUXIÈME PRÉFÉRÉ EST
TOSHIMICHI ÔKUBO, UN PARTISAN DE L'EMPEREUR. POUR CEUX QUI SE SONT INTÉRESSÉS
À L'HISTOIRE DE CETTE PÉRIODE APRÈS AVOIR LU "KENSHIN LE VAGABOND", JE VOUS PRIE
DE BIEN LE RELIRE EN PENSANT QUE LA RESTAURATION DE MEIJI EST FONDÉE
AUSSI BIEN SUR LES ACTIONS DES PARTISANS DE L'EMPEREUR QUE SUR CELLE
DES PARTISANS DU GOUVERNEMENT D'EDO... À LA PROCHAINE FOIS !

152

SOIGNEZ-VOUS AVEC CECI ET ALLEZ VITE CHEZ LE MÉDECIN...

C'EST UNE POMMADE CONTRE LES HÉMORRAGIES, UN MÉDICAMENT DE FAMILLE.

VOUS POUVEZ VOUS ENFUIR PAR LÀ...

IL Y A UN COULOIR CACHÉ DANS LE PLAFOND.

TOC!

LE TRAFIC D'OPIUM VAUT LA PEINE DE MORT...

MERCI POUR TOUT.

154

158

...C'EST QUE C'EST LA VÉRITÉ.

BON, D'ACCORD. SI M. HIMURA DIT ÇA...

...

...AVEZ-VOUS COMPRIS, M. LE COMMISSAIRE ?

BON.

HÉ

Ça marche ?

C'EST PAS JUSTE !

BON SANG !

AVANCE !

zip zip zip

SEULEMENT QUELQUES FOIS.

je ne le tolérerai plus la prochaine fois.

IL EST PARFOIS BON DE MENTIR !

ok !

CETTE FEMME EST MA COMPLICE ! IL Y A DES MILLIERS DE PREUVES...

LA FERME ! EMMENEZ-LE VITE !

QUOI...?! QU'EST-CE QUE C'EST QUE ÇA ?!

LA MÉDECINE DES TAKANI PERMETTRA DE SAUVER PLUS DE MONDE QUE LE SABRE DE BATTOSAÏ.

BATTOSAÏ L'ASSASSIN ?

DEVENEZ MÉDECIN, MLLE MEGUMI.

L'ASSASSIN LÉGENDAIRE...?

ET VOUS AIDEREZ NON SEULEMENT CEUX QUI SOUFFRENT À CAUSE DE L'OPIUM MAIS AUSSI TOUS LES AUTRES MALADES.

TOC

AÏE !

COMME ÇA, TU POURRAS PEUT-ÊTRE REVOIR TA FAMILLE !

BAM

...POUR MON POTE QUI EST MORT.

SI TU FAIS ÇA, JE TE PARDONNERAI...

# DANS LE SECRET DE LA
# CRÉATION DES PERSONNAGES

## TREIZIÈME PARTIE :

## MEGUMI TAKANI

●

SANS MODÈLE PRÉCIS, CE PERSONNAGE EST CALQUÉ SUR L'IMAGE D'UNE FEMME ADULTE UN PEU LÉGÈRE. BEAUCOUP DE LECTEURS ONT ÉTÉ SURPRIS PAR LA DIFFÉRENCE ENTRE LA MEGUMI QUI EST APPARUE DANS LE BONUS DE FIN DU VOLUME 3 ET LA MEGUMI DE CE VOLUME. POUR MOI, LES DEUX MEGUMI SONT LES MÊMES ET ONT LE MÊME CARACTÈRE. LA MEGUMI DE L'ÉPISODE BONUS JOUAIT UN PETIT RÔLE AU SEIN DES TROIS FRÈRE ET SŒURS. VOILÀ POURQUOI ELLE AVAIT L'AIR TRÈS PASSIVE. MAIS DANS LE MANGA ELLE DEVAIT AVOIR UN CERTAIN IMPACT SUR LES LECTEURS. JE LUI AI DONC AJOUTÉ CE CÔTÉ LÉGER. COMME C'ÉTAIT LA PREMIÈRE FOIS QUE JE DESSINAIS UN TEL PERSONNAGE, J'AI DÛ APPRENDRE PAS MAL DE CHOSES. APRÈS AVOIR RELU L'ÉPISODE, JE REGRETTE BEAUCOUP DE NE PAS L'AVOIR DÉCRITE AVEC ENCORE PLUS DE LÉGÈRETÉ. MAIS ÇA AURAIT ÉTÉ FINALEMENT DIFFICILE, CAR LE PRINCIPAL SENTIMENT QUI FORGE LE PERSONNAGE DE MEGUMI, C'EST LE CONFLIT PSYCHIQUE... J'AIME BIEN DESSINER MEGUMI. C'EST LE SEUL PERSONNAGE CAPABLE DE DONNER DES CONSEILS À KAORU EN TANT QUE FEMME. J'AI L'INTENTION DE LA FAIRE APPARAÎTRE TRÈS SOUVENT COMME PERSONNAGE SECONDAIRE DANS LES ÉPISODES SUIVANTS. ÇA SERA D'AUTANT PLUS FACILE QU'ELLE EST MÉDECIN, UN PERSONNAGE INDISPENSABLE DANS L'HISTOIRE. DANS LES LETTRES DE LECTEURS, JE REMARQUE LES DEUX OPINIONS SUIVANTES : "ELLE VA BIEN AVEC AOSHI" ET "ELLE VA BIEN AVEC SANO". JE CROIS QUE DANS LE PREMIER CAS C'EST GRAPHIQUEMENT QU'ILS SONT EN HARMONIE, ALORS QUE DANS LE SECOND, C'EST DE LEUR TEMPÉRAMENT COMMUN QU'IL S'AGIT. JE NE SAIS PAS ENCORE AVEC QUI ELLE VA ALLER, TOUT COMME KENSHIN ET KAORU. LE THÈME DE MEGUMI EST LA RÉDEMPTION. JE VOULAIS EN FAIT DÉCRIRE LE SENTIMENT ET L'ATTITUDE DE KENSHIN VIS-À-VIS DE BATTOSAÏ L'ASSASSIN À TRAVERS LE PERSONNAGE DE MEGUMI. À LA FIN DE L'ÉPISODE, JE ME SUIS ALORS VRAIMENT PRIS LA TÊTE. SI JE SUIS DÉJÀ DANS CET ÉTAT ACTUELLEMENT, JE RISQUE DE BEAUCOUP SOUFFRIR QUAND JE DÉCRIRAI DAVANTAGE LA RÉDEMPTION DE KENSHIN. ÇA ME FAIT MAL À LA TÊTE D'AVANCE !

SON MODÈLE GRAPHIQUE EST LE MÊME QUE CELUI DE " PÉPÉ G, LE CYBORG ", UN MANGA DE MON MAÎTRE, M. OBATA. J'AI BIEN ESSAYÉ DE L'IMITER, SON MANGA À LA MAIN, MAIS JE N'ARRIVERAI JAMAIS À DESSINER COMME MON MAÎTRE. EN FAIT, MEGUMI EST COMPLÈTEMENT RATÉE GRAPHIQUEMENT !

# SCÈNE 30

•

# SECONDE DESTINÉE, AOSHI

IL N'Y A AUCUNE FENÊTRE...

IL A DÛ SORTIR PAR LA PORTE PRINCIPALE DU REZ-DE-CHAUSSÉE...

IMPOSSIBLE DE SORTIR DE L'IMMEUBLE SANS ÊTRE VU !

TOUTES LES PORTES SONT SURVEILLÉES PAR DES POLICIERS !

Vieux quoi...?

T'ES VRAIMENT SÛR QU'IL ÉTAIT PAS DANS LA SALLE, VIEUX BIGLEUX MOUSTACHU ?!

...EN FUMÉE.

IL A DONC DISPARU COMME UN NINJA...

VOUS L'AURIEZ PAS LAISSÉ PASSER PAR MÉGARDE ?!

IL Y A UNE AUTRE PORTE...

NON... C'EST FAUX.

!

AH !

IL A DÛ
S'ENFUIR PAR
LE COULOIR
DANS LE
PLAFOND...

...AVANT
L'ARRIVÉE
DE LA
POLICE !!

LE
COULOIR
CACHÉ DE
KANRYÛ !

OÙ SE
TROUVE
LA SORTIE
DE CE
COULOIR ?!

DERRIÈRE LE MUR,
IL ARRIVE DANS
LA PETITE FORÊT
DERRIÈRE LA
RÉSIDENCE.

SUIVEZ-
MOI !

TAP TAP TAP

AOSHI...

SI VOUS VOUS EN VOULEZ COMME ÇA...

!!

...VOUS N'AVEZ QU'À VOUS BATTRE À NOUVEAU CONTRE MOI !

...APRÈS AVOIR GAGNÉ CONTRE MOI.

VOUS POURREZ VOUS RATTRA-PER...

!

ZAM

BATTOSAÏ.

RIEN NE PEUT LE CONSOLER POUR LE MOMENT...

C'EST BIEN AINSI.

NE VOUS INQUIÉTEZ PAS.

HEH

...VOUS SEREZ SA CIBLE !

MAIS...

ÇA VA ALLER...

ALLONS !

CETTE FOIS-CI, ON RENTRE...

...POUR DE BON !

MOI AUSSI.

J'SUIS CREVÉ. JE ME COUCHE. JE PRENDS LE FUTON.

TAP TAP TAP TAP

JE VAIS PETIT DÉJEUNER, D'ACCORD ?

...

SNIF

J'AVAIS TOUT PRÉPARÉ...

HÉ

...MOI AUSSI ?

JE PEUX...

MAIS BIEN SÛR !

...A ÉTÉ MARQUÉE PAR DEUX DESTINÉES TRÈS DIFFÉRENTES !

...

PAS TERRIBLE... BEUH...

APRÈS DE RUDES COMBATS, LA FIN DE L'AFFAIRE DE L'OPIUM...

177

TSS.

J'AI DÉJÀ ENTENDU ÇA QUELQUE PART...

Qu'est-ce qu'elle veut dire exactement ?

SI TU DEVIENS UN VRAI HOMME COMME KENSHIN...

...JE ME RAVISERAI PEUT-ÊTRE.

NE SOIS PAS JALOUX !

Hi Hi Hi

Nic

À BIENTÔT !

...AFFAIRE TERMINÉE.

EN TOUT CAS...

Interdit aux femmes fourbes

Un peu de calme...

Ne reviens jamais !

CRAC CRAC

...EN RAMENANT LA CIBLE SUR TOI...

...TU AS DONNÉ À AOSHI UNE RAISON DE VIVRE...

C'EST TERMINÉ POUR MEGUMI, MAIS...

OUI... IL NE RÉAPPARAÎTRA PAS JUSQU'À CE QU'IL...

IL SEMBLE QU'IL AIT DISPARU MALGRÉ LES RECHERCHES ACHARNÉES DE LA POLICE...

...APRÈS AVOIR APAISÉ SES DOULEURS ET S'ÊTRE ENTRAÎNÉ...

...AIT RETROUVÉ LA CONFIANCE ET LA FORCE LUI PERMETTANT DE GAGNER CONTRE MOI...

J'ESPÈRE QUE TU AS RAISON...

NE DIS PAS DE BÊTISES !

BIEN QU'AYANT CONFIÉ À MEGUMI QUE TOUT ALLAIT POUR LE MIEUX...

JUSQUE-LÀ...

KENSHIN NE PERD JAMAIS !

...JE NE SUIS PAS SÛR DE POUVOIR LE VAINCRE LA PROCHAINE FOIS...

...JE SOUHAITE QUE LE MONDE AIT CHANGÉ EN S'AMÉLIORANT AFIN QU'UN HOMME COMME AOSHI SHINOMORI PUISSE TROUVER UNE VRAIE RAISON DE VIVRE...
HEIN ?
JE NE DÉPOSE PAS ENCORE...
...DE FLEURS POUR VOUS.

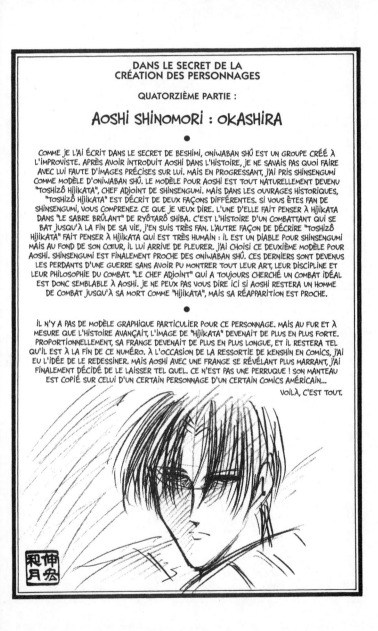

## DANS LE SECRET DE LA
## CRÉATION DES PERSONNAGES

### QUATORZIÈME PARTIE :

# AOSHI SHINOMORI : OKASHIRA

●

COMME JE L'AI ÉCRIT DANS LE SECRET DE BESHIMI, ONIWABAN SHŪ EST UN GROUPE CRÉÉ À L'IMPROVISTE. APRÈS AVOIR INTRODUIT AOSHI DANS L'HISTOIRE, JE NE SAVAIS PAS QUOI FAIRE AVEC LUI FAUTE D'IMAGES PRÉCISES SUR LUI. MAIS EN PROGRESSANT, J'AI PRIS SHINSENGUMI COMME MODÈLE D'ONIWABAN SHŪ. LE MODÈLE POUR AOSHI EST TOUT NATURELLEMENT DEVENU "TOSHIZŌ HIJIKATA", CHEF ADJOINT DE SHINSENGUMI. MAIS DANS LES OUVRAGES HISTORIQUES, "TOSHIZŌ HIJIKATA" EST DÉCRIT DE DEUX FAÇONS DIFFÉRENTES. SI VOUS ÊTES FAN DE SHINSENGUMI, VOUS COMPRENEZ CE QUE JE VEUX DIRE. L'UNE D'ELLE FAIT PENSER À HIJIKATA DANS "LE SABRE BRÛLANT" DE RYŌTARŌ SHIBA. C'EST L'HISTOIRE D'UN COMBATTANT QUI SE BAT JUSQU'À LA FIN DE SA VIE, J'EN SUIS TRÈS FAN. L'AUTRE FAÇON DE DÉCRIRE "TOSHIZŌ HIJIKATA" FAIT PENSER À HIJIKATA QUI EST TRÈS HUMAIN : IL EST UN DIABLE POUR SHINSENGUMI MAIS AU FOND DE SON CŒUR, IL LUI ARRIVE DE PLEURER. J'AI CHOISI CE DEUXIÈME MODÈLE POUR AOSHI. SHINSENGUMI EST FINALEMENT PROCHE DES ONIWABAN SHŪ. CES DERNIERS SONT DEVENUS LES PERDANTS D'UNE GUERRE SANS AVOIR PU MONTRER TOUT LEUR ART, LEUR DISCIPLINE ET LEUR PHILOSOPHIE DU COMBAT. "LE CHEF ADJOINT" QUI A TOUJOURS CHERCHÉ UN COMBAT IDÉAL EST DONC SEMBLABLE À AOSHI. JE NE PEUX PAS VOUS DIRE ICI SI AOSHI RESTERA UN HOMME DE COMBAT JUSQU'À SA MORT COMME "HIJIKATA", MAIS SA RÉAPPARITION EST PROCHE.

●

IL N'Y A PAS DE MODÈLE GRAPHIQUE PARTICULIER POUR CE PERSONNAGE. MAIS AU FUR ET À MESURE QUE L'HISTOIRE AVANÇAIT, L'IMAGE DE "HIJIKATA" DEVENAIT DE PLUS EN PLUS FORTE. PROPORTIONNELLEMENT, SA FRANGE DEVENAIT DE PLUS EN PLUS LONGUE, ET IL RESTERA TEL QU'IL EST À LA FIN DE CE NUMÉRO. À L'OCCASION DE LA RESSORTIE DE KENSHIN EN COMICS, J'AI EU L'IDÉE DE LE REDESSINER. MAIS AOSHI AVEC UNE FRANGE SE RÉVÉLANT PLUS MARRANT, J'AI FINALEMENT DÉCIDÉ DE LE LAISSER TEL QUEL. CE N'EST PAS UNE PERRUQUE ! SON MANTEAU EST COPIÉ SUR CELUI D'UN CERTAIN PERSONNAGE D'UN CERTAIN COMICS AMÉRICAIN...

VOILÀ, C'EST TOUT.

KENSHIN LE VAGABOND
CHRONIQUE D'UN EXPERT
EN SABRE À L'ÈRE MEIJI

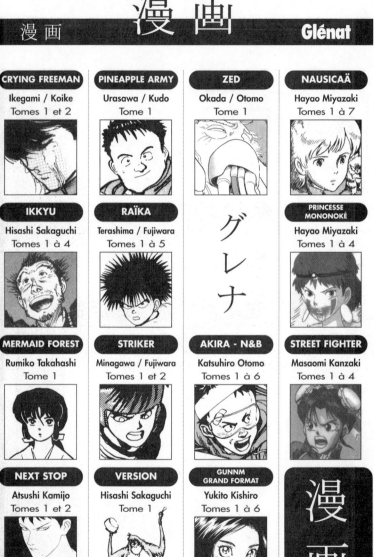

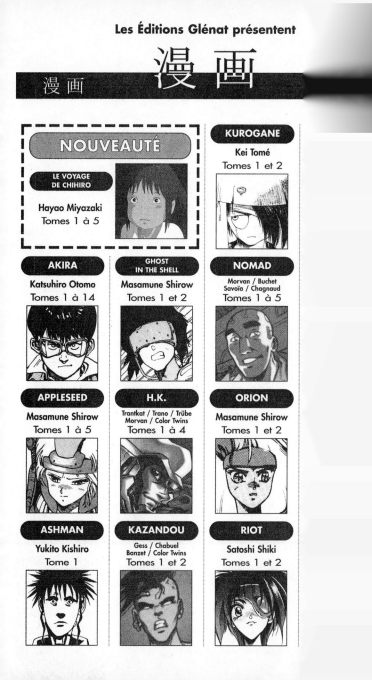